我的税收第一课

本书编写组　编著

中国税务出版社

图书在版编目（CIP）数据

我的税收第一课 / 本书编写组编著. -- 北京：中国税务出版社，2025. 4（2025.11 重印）. -- ISBN 978-7-5678-1629-9

Ⅰ. D922.220.5

中国国家版本馆 CIP 数据核字第 2025L3L125 号

书　　名：我的税收第一课
WO DE SHUISHOU DI-YI KE
作　　者：本书编写组　编著
责任编辑：赵泽蕙
责任校对：姚浩晴
技术设计：林立志
出版发行：中国税务出版社
北京市丰台区广安路 9 号国投财富广场 1 号楼 11 层
邮政编码：100055
网址：https://www.taxation.cn
投稿：https://www.taxation.cn/qt/zztg
发行中心电话：(010)83362083/85/86
传真：(010)83362047/49
经　　销：各地新华书店
印　　刷：北京联兴盛业印刷股份有限公司
规　　格：787 毫米 ×1092 毫米　1/16
印　　张：5.5
字　　数：64000 字
版　　次：2025 年 4 月第 1 版　2025 年 11 月第 5 次印刷
书　　号：ISBN 978-7-5678-1629-9
定　　价：29.00 元

致同学们的一封信

亲爱的同学们：

你们好！当你们翻开这本书，一段充满趣味的税收之旅，便在大家眼前徐徐展开。

也许你们会好奇，税收和咱们小学生有什么关系？其实，税收与大家的生活息息相关：宽阔的高速公路、便利的公共交通，都离不开税收的支持，它让人们的出行更加便捷；从学校明亮的教室，到先进的教学设备，税收让知识的嫩芽在阳光下茁壮成长，照亮孩子们的未来；强大的国防、安全的街区，也要依靠税收的支撑，税收像坚固的城墙，让人民生活在和平稳定的环境中……

在书中，你们将穿越时空，见证古代税收的起源，领略不同时代税收制度的发展演变；也会认识税收大家庭的成员，了解税法这一税收制度的法律表现形式；更能一起走进税务机关，了解这些税收“守护者”和税法“捍卫者”的故事。而当你们阅读完这本书，就有机会成为一名光荣的税法宣传使者，将税法知识传递给身边的人。税法并非晦涩难懂的知识，它藏在生活的点点滴滴中。希望这本书能像一位亲切的伙伴，陪伴大家认识税收、理解税收。也期待你们能在日常生活中，感受到税收的重要作用，成为税法的小小践行者与传播者。

衷心祝愿同学们在这次税法之旅中，收获知识，茁壮成长！

编　者

2025 年 3 月

目录

税收连着你我他

什么是税收

同学们有没有思考过这些问题：为什么我们不需要交学费，就可以坐在窗明几净的教室里上课？当我们出去游玩时，四通八达的马路和方便快捷的高铁是谁出资来修建的？平时去逛的公园不收门票，却一直有工作人员精心打理，他们的工资又是从哪里来的呢？这些问题的答案都离不开两个字——税收。

可能有些同学会觉得税收很专业，离自己很遥远，其实不然，税收就在我们身边，和我们的生活密不可分：当我们去超市买东西时，付的钱里就含有增值税；爸爸妈妈每个月的工资拿到手之前会先扣除个人所得税……

那么，什么是税收呢？

税收是国家为了向社会提供公共产品、满足社会共同需要、实现社会收入再分配，依法取得财政收入的方式。

正是因为有税收的保障，我们才能享受义务教育、便捷的公共设施、美丽的公园等公共产品。国家的税收征收有序运转，我们的社会才能有序运转，人民的生活才会更加幸福美好。

税款的旅行

税收对我们的生活至关重要。接下来，我们一起跟着税收去旅行，看看我们向国家缴纳的税款最终去了哪里吧。

税款旅行的起点，就是我们的钱包，从这里出发，税款的旅行开始啦。

第一站：税务机关。税务机关是国家负责征收税款的部门。税务机关依照法定的程序征税，依法确定有关税收征收管理的事项并向纳税人提供纳税服务，每个纳税人都需要按照税法的规定及时向国家缴税。

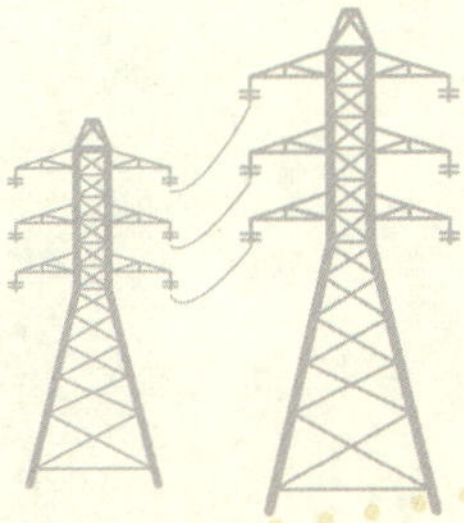

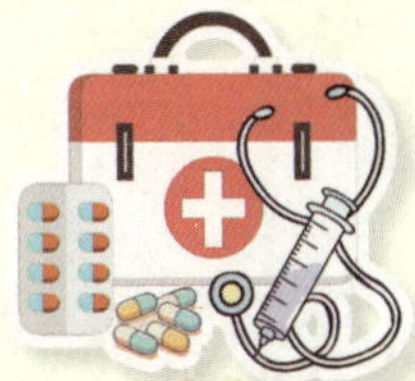

第二站：国库。千千万万纳税人缴纳的税款都汇总到国库。国库就是国家的金库，也就是政府的钱包。进入现代社会之后，国库已经从金山银山的有形仓库，变成了以电子账户为主的无形仓库。

第三站：政府的不同部门。政府的不同部门根据不同的需要，从国库里统一支出税款。比如，教育部门需要钱来发展办学，民政部门需要钱来保障民生，交通部门需要钱来铺设公路、铁路，卫生部门需要钱来保障公共医疗，等等。

终点站：公共产品。公共产品都有啥呢？像保卫我们国家的国防力量，让大家能安心学习知识的义务教育，有好多好多书可以看的图书馆，还有长长的、让我们出行更方便的高速公路，这些可都是公共产品！国家为我们提供的公共产品，让我们的生活更加便利、美好。这样，税款就完成了它的旅程。

从大家身边的钱包出发，最终以公共产品的形式回到了大家身边——这就是税款的旅行。只有每一位纳税

人依法纳税，国家才能“集中力量办大事”，为国民提供必需的公共产品，让大家的生活更加美好、幸福，这就是税收“取之于民、用之于民”的道理。

知识宝卡

什么是公共产品

公共产品是指能为全体国民共同消费或享用的产品或服务。在生活中，当我们想拥有和使用一些物品的时候，往往需要先支付相应的价格，比如需要文具、面包时都需要向商家付钱购买。但是，生活中还有一些物品和服务不需要付钱就可以使用，比如社区里各种各样的公共健身器械、经常举办各类科普展览的博物馆、夜晚明亮的路灯，以及宽敞平整的马路……这些由国家提供给我们可以免费使用的物品和服务就是公共产品。

通过税款的旅行，我们知道了制造公共产品的钱来源于税收。那么同学们有没有思考过，为什么这些公共产品需要由国家通过征收税款的方式向大家提供呢?

让我们通过一个例子，来感受国家提供公共产品的重要性吧!

你们喜欢去公园玩吗? 城市里有许多街心公园、社区公园，它们的作用可大啦！公园就像城市的“小绿肺”，树木和花草能吸收空气中的灰尘和有害气体，释放出新鲜的氧气，让我们呼吸到更干净的空气，让我们的城市环境更优美，在紧急情况下它们还能“变身”避难场所。而且，这些公园大多数是免费的，大家可以尽情地在里面享受大自然的美好。

要建设这些公园，需要很多的钱，又不收费或很少收费，靠个人是很难做到的。但是公园对我们的生活又这么重要，所以就需要由政府来建设，这就是公共产品。

除了路灯、公园、学校这样看得见摸得着的公共基础设施，国防、治安、外交、司法等也都是公共产品。由此可见，每一位纳税人都是国家的建设者，我们在享受公共产品带来的便利的同时，也要承担起依法纳税的义务，共同把我们生活的家园建设得更加美好。

税法小故事

不能避免的事

周日，越越和妈妈一起去书店看书，在路上碰见了穿着税务制服、拿着税收宣传页的姑姑在给路人进行税法宣传。越越本来想喊姑姑，但看见姑姑还在给路人讲解税法，就没上前打扰，和妈妈一起站在旁边听。

路人听完后，纷纷向姑姑表示感谢。姑姑热情地送上宣传手册，并告诉他们办税服务厅电话，说以后有什么税务方面的问题可以随时打电话咨询。

越越听完后有些疑惑，等路人走后，他急忙问姑姑：“姑姑，我们为什么要缴税呀？”

姑姑笑着说：“越越，姑姑先考考你，你说人的一生中不可避免的两件事是什么？”

越越听完一头雾水，一时之间不知道该怎么回答。姑姑说：“不着急，你先回去想想，等姑姑晚上回去你再告诉我答案。”

“姑姑，正好我和妈妈要去书店看书，我先去书里找找答案！”越越略带兴奋地说道。

姑姑露出赞许的目光，摸摸越越的头说：“我们家越越真是越来越好学了呀。”

越越听到姑姑的夸奖，开心地一蹦一跳，欢快地和妈妈去了书店。

到了书店，越越匆忙跑去书架，翻看关于税收的各种书籍。看了好久，他还是没找到问题的答案。妈妈看越越变得垂头丧气，温柔地说：“越越，你去找找看《富兰克林自传》，这本书里说不定会有答案哦。”

越越听到妈妈的指点，急忙去书架查找。认真翻看之后，他找到了“人的一生

中有两件事是不可避免的，那就是死亡和纳税”这句话。

得到答案之后，越越不解地问：“妈妈，为什么纳税也是我们不可避免的事情呀？”

妈妈笑着说：“这个问题你姑姑最能给你解释清楚，等姑姑晚上下班，你去请教一下吧。”于是，越越带着满脑子的疑惑和妈妈回到了家。

晚上，姑姑下班刚进家门，越越就飞快地迎上去说：“姑姑，我找到今天你留给我的问题的答案了。”

“越越真棒，那答案是什么呀？”姑姑欣慰地问道。

“是死亡和纳税。可是姑姑，人为什么要纳税呀？”越越挠着自己小脑袋，一脸疑惑地问道。

姑姑摸了摸越越的头，耐心地问道：“越越，小到宽阔的马路、漂亮的绿化带、美丽的校园、热闹的菜市场，大

到神舟载人飞船、航空母舰、卫星，都需要很多很多的钱来建造，可政府的钱从哪里来呀？”

“姑姑，我知道了，是税收！”越越恍然大悟，兴奋地回答道。

“越越真聪明！税收取之于民、用之于民。我们享受着税收带来的美好生活，所以纳税是我们每个公民应尽的义务呀！”姑姑解释道。

“姑姑，那国家的收入只有税收吗？”越越疑惑地问道。

“当然不是啦，政府为了履行职能、提供公共产品和实施公共政策需要筹集的资金，叫作财政收入，税收收入是国家财政收入的主要来源，占了很大的一部分。那你能告诉姑姑税收有哪些作用吗？”姑姑引导越越进一步思考。

“税收可以为大家提供公共产品啊。”越越信心满满地说道。

“越越这么快就学以致用了呀！其实税收的作用不止这些，除了提供公共产品，还可以调控经济运行、调节收入分配、监督经济活动、维护国家权益。”姑姑耐心地说道。

“姑姑，你说的这些税收作用，我不太理解。”越越睁着一双迷茫的眼睛说道。

姑姑笑了笑，然后说：“越越，你年纪还小，还体会不到税收的所有作用，但是你只要记住：纳税是我们每个公民应尽的义务，纳税光荣、偷税可耻就行啦。”

“我知道啦，姑姑。等我去了学校，我也要给其他同学普及一下税法的小知识。”越越激动地说道。

延伸阅读

说文解字谈“税收”

提到纳税，人们的第一反应就是要交钱，但是在了解“税”字的时候又不免疑惑，为什么“税”字的左边是“禾”呢？难不成是用庄稼去缴税？想解开这个疑惑，要先弄清楚“税”字是如何演变的。

在很久以前的汉朝，有一个叫许慎的人写了一本书叫《说文解字》。其中，关于“税”是这样说的：“税，租也。从禾，兑聲。”是什么意思呢？“税”字形采用“禾”作偏旁，采用“兑”作声旁。“禾”在古代代表农产品，当时受货币流通的限制，实物税赋主要是从田地收获的谷物。“兑”是兑换、交换的意思，即人们将生产的谷物缴纳给国家，换取国家保护人民的生活平安。

后来，随着我国历史上各个朝代制度的不断演变以及货币流通的发展，税收制度也在不断发生变化，逐渐变成了我们现在所熟知的样子。目前，我们通常将税收定义为：

国家为行使其职能，凭借政治权力，按照法律规定，强制地、无偿地、固定地取得国家财政收入的一种形式。

现在，税收已经和我们的生活密不可分，衣、食、住、行都和它有关系。我们穿的衣服、吃的食品、住的房子、坐的小汽车，在购买时，支付的金额中可能就包含了“税”。

税收取之于民、用之于民。可以说，税收作为国家财政最主要的收入形式，正日复一日地推动着社会的正常运转和健康发展，让我们的生活更加美好。

综合实践

税收童谣大家唱

“人之初，性本善。性相近，习相远……”这段《三字经》相信很多同学都听过，甚至还能背上一段。但是你知道吗，《三字经》也有税收版。这首税收版的“三字经”，不但唱出了我国的税制变迁，还唱出了如今的新时代、新税貌，让我们一起来学习吧！

税收三字经

民之本，国之脉，国与税，血相连，
国欲强，税为源，民欲富，税为先，
扶贫困，去病患，兴教育，万代传，
拨资金，助科研，固国防，国乃安，
建铁路，修水利，交通畅，基础全，
我学子，应谨记，税为本，促发展，
遵法纪，守诚信，齐纳税，做贡献，
百业兴，家团圆，享和谐，到永远。

穿越时空 了解税收

古代税制的变迁

很久很久以前，在还没有国家的时候，人们生活在“原始社会”。那时候，大家一起生活、打猎，一起分享食物、工具和物品，因为东西不多，所以大家的生活都差不多。后来，人们学会了种植农作物、驯化动物，生产的东西多了起来，有些人开始有自己的生产资料[①]，出现了私有制。有些人变得很富有，有些人则不太富有，甚至很贫困，社会日益分化为统治者和被统治者两大阶级，阶级之间的斗争日益激烈，统治阶级需要建立军队、监狱、法律等工具来维护权力，就出现了国家。

---

① 生产资料，通俗来讲就是人们生产时要用到的各种东西，像土地、工具、材料、机器等。比如说，农民伯伯种粮食，他们用的土地、锄头就是生产资料。

国家需要钱和人力来维持运作，比如建城墙、养军队等，所以开始向人们收税。那时候的税不是钱，而是大家生产的东西，如粮食、布匹，或者让大家去干活，如修路、建房子。这就是最早的税收形式——实物和劳役。

夏商周时期的税收制度：井田制

我国税收制度的雏形出现在夏商周时期。西周时，周王把土地层层分封给贵族，贵族利用沟渠把土地划分为井字形的地块，分给老百姓耕种，叫井田。这些土地都归国家所有（不得买卖和转让），井田中间的一块地是公田，老百姓在公田种出来的粮食要上交给贵族，公田周围是私田，种出来的粮食才是老百姓自己的，这就是“井田制”。贵族们也要按照自己的等级和封地面积，向周王进贡特产、粮食、布匹等，这就是“贡赋”。

一开始，这种办法还行得通。可是后来，人越来越多，耕种工具也越来越好用，老百姓可以去开垦新的土地，这些新开垦的土地不是井田，不用缴税。慢慢地，老百姓就不愿意好好种公田了，井田也荒废了，这个制度慢慢就推行不下去了。

税法小故事

农夫小石头

在很久很久以前的西周，有个叫小石头的小农夫。周王把土地划分得像“井”字一样，这就是井田。井田中间那块是公田，周围八块是分给小石头这样老百姓的私田。小石头每天都特别勤劳，天不亮就起床。他知道，只有先把公田的活儿干好了，才能去忙自己的私田。可是，公田的收成要全部交给周王，自己辛苦劳作却得不到一点好处，小石头心里别提多委屈了。有一天，他的好朋友铁蛋来找他，铁蛋说自己发现了一块没人管的荒地，问小石头要不要一起去开垦。小石头很心动，经过一番思索，决定与铁蛋一同前往那片荒地。起初还担心被官府察觉，但随着时间的推移，他们发现周围越来越多的人去开垦荒地。后来，大家对公田的事儿就越来越不上心，井田制也慢慢维持不下去了。

春秋时期的税收制度：初税亩

春秋时期，鲁国实行了“初税亩”的制度。就是把全国的土地统统按照土地面积，用“亩”做单位来收税。从这时候起，国家的土地慢慢开始变成私人的啦。

“初税亩”是咱们国家古代收税制度的第一次大改变。从利用老

百姓的力量耕种公田，改成按照田地的大小来收税，而且收的也不再是劳役，而是实物。这样实际上就是承认了土地私有。

战国时期的税收制度：开阡陌

战国中期，秦国有一个叫商鞅的人，他帮助秦国进行了一场大改革，其中最重要的就是改变了土地制度。那时候，秦国很小，老百姓也很穷，想要变得强大，最需要的就是更多的人。于是，商鞅想出了一个办法：让土地变成老百姓自己的，吸引其他国家的穷苦百姓来秦国生活。于是，商鞅主张“废井田”“开阡陌”，使“民得买卖”。“废井田”就是废除井田制；“开阡陌”就是打破田地的界限，让老百姓可以自由开垦荒地；“民得买卖”就是允许老百姓买卖土地，把土地变成自己的财产，同时根据所占土地多少缴税。老百姓有了自己的土地，有了积极性，种地的技术也不断提高，生产的粮食越来越多，上缴国家的税也就多了，秦国就这样慢慢强大起来。

秦汉时期的户籍和税收制度：编户齐民

在秦朝的时候，出现了一种叫“编户齐民”的制度，到了汉武帝时期，这个制度被广泛推行。“编户齐民”的意思是，国家给每个人建一个“户口本”，就像现在我们每个人都有身份证一样。国家会把每个人的姓名、年龄、籍贯、身份、相貌、财富情况等信息都登记下来。这样，国家就能清楚地知道有多少人、住在哪里，再根据这些信息向老百姓收税，或者让大家去劳动（比如修路、建房子）。这个制度能够帮助国家更好地管理百姓，也让国家能收到更多的税。

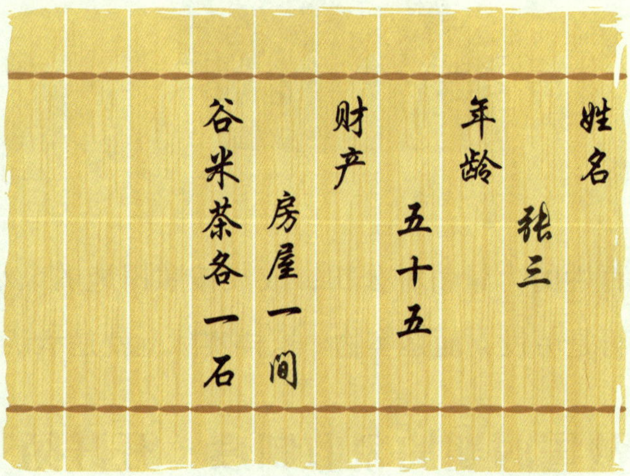

唐朝初期的税收制度：租庸调制

唐朝刚成立的时候，人口很少，所以国家想了一个新的办法——“均田制”。每个成年男子都能分到一百亩地，有了地，大家就能种粮食、养活自己。

租庸调制就是建立在均田制的基础上，规定每个成年男子每年要给国家缴税。租就是田租，每人每年要交二石粟[①]。庸则是力役，每人每年要为国家干 20 天活儿。调是按户征收地方特产，北方地区一般缴纳绢（一种布）二丈、绵（一种棉花）三两，南方则缴纳布

① 石，古代重量单位，一石为一百二十斤；粟，一种谷类作物。

二丈五尺、麻三斤。这样，大家都能公平地缴税，国家也能更好地管理。

唐朝中期的税收制度：两税法

在唐朝中期，很多老百姓没有地种，变成了四处流浪的流民。国家收不到税，财政出了问题，皇帝的权力也被削弱了。到了唐德宗当皇帝的时候，他任命丞相杨炎来改革税收制度。为了解决人口流动的问题，杨炎想了一个方法：按照每户人家拥有的土地和财产来收税，税收一年分两次收，春天和秋天各收一次，这就是“两税法”。这样一来，税收的标准从以前主要看人口，变成了主要看土地和财产。这个办法让国家收到更多的税，老百姓也觉得比原来更公平一些。

明朝中期的税收制度：一条鞭法

明朝初期的赋税主要以征收实物为主，比如向茶农征收茶叶，向棉农征收棉花。到了明朝中后期，到处流浪、没有固定住所的人变多了，很难收到税。而且朝廷仓库里堆满了收上来的东西，却没有钱。这时候，有个叫张居正的大臣，他想出了一个办法，进行了有名的“一条鞭法”改革。从这以后，收税不再上缴实物了，而是都换算成银子，统一收银子。这样既方便管理，又减少了工作量。这是中国古代税收制度的一次大改革。

税法小故事

老陈的烦恼

老陈是明朝的一名掌管税仓的仓官，每天的工作就是忙着接收各地送来的赋税实物。茶农们会把新采制好的茶叶送来，一片片鲜嫩的茶叶，散发着清新的香气；棉农们扛着一袋袋雪白的棉花，堆放在仓库里……一开始，看着仓库里的物资，老陈心里满是成就感，觉得这些都是国家繁荣的象征。可是，随着时间流逝，他发现仓库里的茶叶放久了，香气渐渐消散；棉花长时间存放，受潮发霉也都不能用了。老陈想了很多办法也无济于事。

就在老陈被这些问题弄得焦头烂额的时候，大臣张居正推行了“一条鞭法”改革。从那以后，收税不再上缴实物，而是都换算成银子统一征收。老陈很快发现，自己的工作轻松多了。以前收上来的实物，要分类、整理、防潮、防虫，忙得不可开交。现在，只需要接收银子，然后做好账目登记就行。就这样，朝廷的财政状况逐渐好转。

清朝时期的税收制度：摊丁入亩

在清朝雍正时期，国家推行“摊丁入亩”的税收制度。此前，国家对农民除按耕地面积征收田税，还要按劳动力数量征收丁税。摊丁入亩就是把丁税摊入耕地面积征收。国家不再按家里有多少劳动力来收税，而是改成按家里有多少土地来收税。这样做的好处是没有土地的穷人不用缴税了，负担轻了，可以安心养育子女，国家人口也就变多了。

知识宝卡

在古代，老百姓辛辛苦苦种地、织布，却要把大部分劳动成果交给官府。这些税收主要用来养活皇帝、官员和军队，或者修建宫殿、城墙等，普通老百姓的生活并没有因此变得更好。

现在可不一样啦，我们国家的税收是取之于民、用之于民的。国家把大家缴的税汇集起来，这些钱用来为大家服务，比如修路、建学校、盖医院，或者帮助有困难的人。我们还有了现代化的税务机关，负责依照法律公平公正地征收各种税款。现在纳税也更加方便啦，我们可以在网上办税，在家里用电脑或者手机，就可以轻松地申报纳税。如果有不明白的地方，还可以打电话或者在网上咨询税务机关的工作人员，他们会很耐心地解答问题。

同学们，通过古今对比可以明显看出，我们现代的税收制度有了巨大的进步，更加公平合理，是真正为人民服务的。通过税收，大家的生活变得更好，每个人都能从中受益。

综合实践

共绘税收蓝图

同学们，本节课我们学习了很多税收知识，不仅了解了古代税制的变迁，也感受到了现代税收的便利。

那么接下来，同学们可以结合自己所学的知识，一起畅想未来我们国家的税收会变成啥样呢？大家可以拿起画笔，将自己心中未来的税收蓝图绘制出来，并向同学们展示吧。

税收大家庭

税种见面会

我国的税收制度可以视作一个大家庭，家庭成员有 18 个税种。每个税种各司其职，让我国的税收事业有序运转。按照征税对象的不同，我国税收可以分为四大类，让我们一起来认识一下它们吧！

货物和劳务税

货物和劳务税的征税范围较为广泛，是政府财政收入的重要来源。货物和劳务税与我们

的生活息息相关。

我们在购买商品时，付给商家的价款中就包含了税款，商家再将税款交到税务机关，这就完成了货物和劳务税的缴纳。这种在商品流通过程中缴纳的税，就属于货物和劳务税。

货物和劳务税主要有四种。

1. 增值税

我们平时在商店看到的商品，往往要经过很多环节才能制造出来。

在商品制造的过程中，商家会消耗大量人力、物力，成本的增加会使商品价格随之升高。

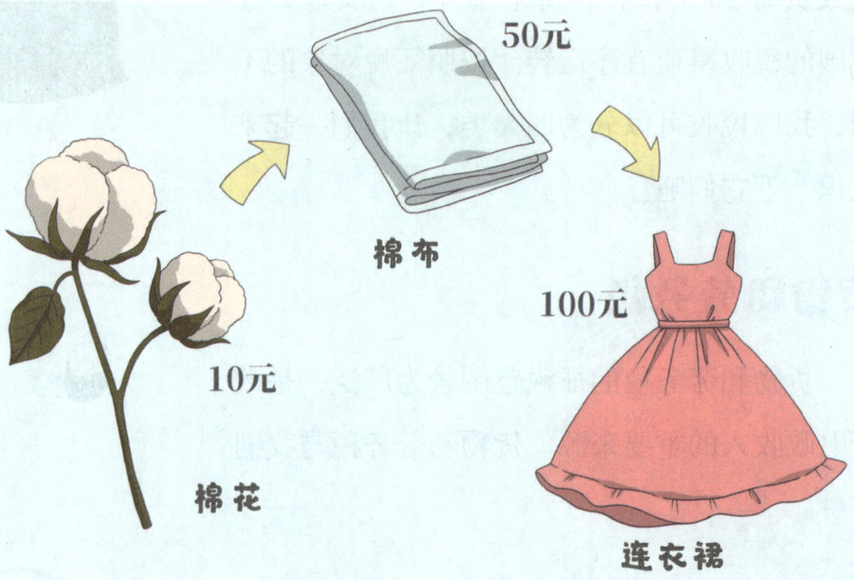

商品的价值在每个环节增加，商家也在这个过程中赚到了钱，通常来说，有增值就要缴纳增值税。

2. 消费税

大部分商品都要缴纳增值税。还有一些特殊商品，除了要缴纳增值税，还需要再缴纳消费税，比如：

奢侈享受非生活必需品

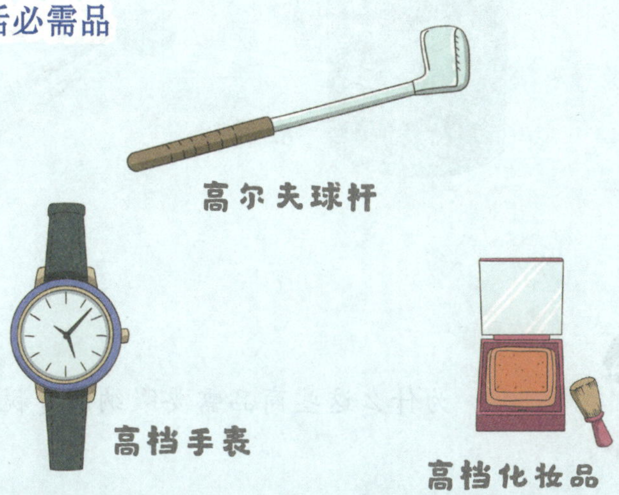

过度消费会对人类健康、
社会秩序、生态环境
造成危害的特殊消费品

资源型消费品

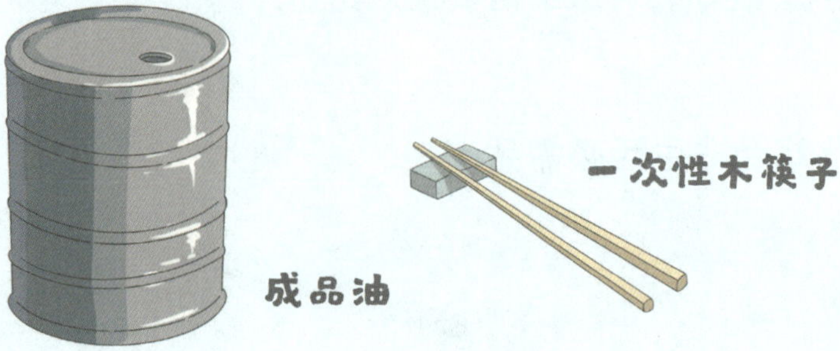

为什么这些商品需要缴纳消费税呢？

通过征收消费税，可以影响消费者的购买决策，有助于引导消费者形成理性、健康的消费观念，避免过度消费和浪费资源。

除此以外，消费者的选择也会进一步影响商家的生产行为，进而可以起到调整产品结构、促进资源合理配置的作用。

3. 关税

关税是海关代表国家对进出口的物品征收的税。

关税不仅可以增加国家财政收入，调节进出口贸易，还可以维护国家经济安全，促进国际经济交流与合作。

比如本国绝大多数商品出口时，无须缴纳关税，通过相对较低的价格在国际市场上形成一定的竞争力。

4. 车辆购置税

车辆购置税是对在中国境内购置应税车辆并自用的单位和个人征收的一种税。

当人们购买新车并且自己使用时，就需要缴纳车辆购置税。车辆购置税只收一次，在购买已经缴纳过车辆购置税的二手车时就不用再缴纳了。

所得税

所得税是以个人和企业的各类所得作为征税对象的税种。所得税的缴纳和收入息息相关。一般情况下，收入越多，需要缴纳的所得税也就越多。

所得税分为个人所得税和企业所得税。

1. 个人所得税

个人所得税是针对个人收入征收的税。除了工资薪金，大人们可能还有稿酬、讲课费、房租等各

类所得。当达到一定标准时，就需要把其中的一部分交给国家，这部分钱就是个人所得税。个人所得税的税率是分级的，收入越高，税率就越高；如果收入比较低，就适用比较低的税率。这样设计是为了让税收更加公平。

2. 企业所得税

企业所得税是针对企业的各类所得征收的税。企业把生产的产品，比如玩具、衣服、汽车等卖出去，赚了钱之后，就需要把其中的一部分交给国家，这就是企业所得税。企业所得税的税率通常是固定的，不过也有一些特殊情况。比如，对于一些高科技行业，国家会给予一定的税收优惠，鼓励它们发展，这样可以推动社会的进步和创新。

财产和行为税

财产和行为税是一大类税收的统称，简单来说，就是跟我们的财产和某些行为有关的税。

房子（房产税、契税）

汽车（车船税）

合同（印花税）

入港船舶（船舶吨税）

土地（城镇土地使用税、土地增值税）

国家还会通过税收来引导人们的行为方式，比如：吸烟有害健康，国家通过征收烟叶税，提醒人们注意身体健康，减少吸烟行为；对法定污染物征收环境保护税，以减少污染物排放，推进生态文明建设；为保护耕地，征收耕地占用税，以鼓励大家合理利用土地资源。

矿山（资源税）

我们每次买东西支付的费用里，都包含着增值税（有的还含有消费税），商家会根据增值税和消费税税额，按比例计算城市维护建设税，并一起交给国家。这些钱就像城市的“美容基金”，专门用来修马路、建公园、维护学校设施，让我们的生活环境越来越好。所以说，美好城市的建设，有我们每个人的助力。

税法小故事

小发票　大学问

越越的新家正在装修，周末，越越和爸爸妈妈一起去建材市场挑选新家要铺的地板。

在一家地板店，越越一家选中了想要的木地板。付完钱，妈妈让商家开具了发票，并小心地将发票保存了起来。

“发票有什么用处呢？”离开市场的时候越越好奇地问妈妈。

“发票是购物的凭证，是保修的凭证，也是商家缴税的依据。”妈妈回答道。

“有了它就证明商家缴税了吗？”越越追着问。

“这个嘛，你得向姑姑请教，这些知识我也是从她那里了解到的。”妈妈回答道，“得到答案之后也告诉我吧，被你这么一问，妈妈也有点好奇了呢。”

越越迫不及待想知道答案，一回家就立刻拿着发票去到了姑姑家。姑姑看到跑得满头大汗的越越，关心地问道：“怎么了越越？什么事这么着急啊？”

“姑姑！”越越一边喘着气，一边从口袋里拿出发票，“我有一个问题想请教您，为什么我们买完东西商家会给我们开发票呢？您能给我讲讲发票的作用吗？”

姑姑接过越越手中的发票，开始耐心地给越越讲解。

“越越，姑姑问你，你手里的是什么发票呀？”

“增值税发票。”越越看着票面大声说道。

“姑姑再考考你，你知道什么是增值税吗？”

越越小小的眉头皱成了一团，摇摇头说：“不知道。”

姑姑略带启发地问：“假如你是老板，你会亏本卖这些地板吗？”

“当然不会！”越越一下来了精神。

姑姑被越越的这副样子逗笑，拍着越越的肩膀说：“是的，商家卖东西都要赚钱，他们销售商品所得的收入减去购进商品时所支付的金额，这之间的差额就是增值部分。

所以，顾名思义，增值税就是对商品新增值的部分征收的税。”

“我明白了，姑姑。我们买的这个地板每平方米260元，如果商家购进这个地板是每平方米 180 元，是不是每平方米木地板就有 80 元的增值部分呀？”越越迫不及待地问道。

“越越真了不起，都学会抢答了。”姑姑欣慰地夸越越，接着话锋一转，“可惜答错了，不能得分哦。”

“啊，答错了？为啥呀？”越越不甘心地问道。

姑姑耐心地解释说：“问题就出在对收入的理解上。这 260 元中还含有一部分税钱，只有把这部分税减掉，才是商家真正的收入。”

“那我们买的这些木地板有多少增值税呀？”

姑姑语重心长地说：“计算增值税比较专业，还是交给税务机关来解决吧。我只想让你明白一个道理，我们买东西花的钱中，有一部分是税，这其中的增值税是由咱们消费者来负担的。既然商家取得的收入中是包含增值税的，

那么他们是不是应该把咱们付出的税款及时交给税务机关呀？”

“对！可是商家会分文不少地把增值税交给税务机关吗？”

姑姑指着越越手里的发票说：“那就该它发挥作用了。税务机关根据商家开具的发票和其他资料，能准确计算出商品的增值税。为了不使咱们付出的税款被个别不法商家贪没，我们在买东西时要及时索要发票。”

认识增值税

在中华人民共和国境内销售货物、服务、无形资产、不动产，以及进口货物的单位和个人，为增值税纳税人，应依法缴纳增值税。从计税原理上来说，增值税是对商品生产、流通，劳务服务中多个环节的新增价值或商品的附加值征收的一种流转税。

在生产和流通过程中，商品新增价值或附加值是很难准确计算的。因此，我国推行国际上普遍采用的税款抵扣办法，即根据销售商品、劳务或服务的销售额，按规定的税率计算出相应的税额，然后扣除取得该商品、劳务或服务时所支付的增值税税额，其差额就是增值部分应缴的税。这种计算方法体现了按增值因素计税的原则。如今，增值税已经成为我国第一大税种。

综合实践

税收故事解谜

场景一：

今天是发工资的日子，爸爸看到工资单之后非常开心，回家的路上到文具店给越越买了新的文具盒，还到商场给妈妈买了进口高档化妆品。

想一想：

1. 爸爸收到的工资需要缴纳什么税呢？

答：个人所得税。

2. 爸爸购买文具盒需要缴什么税呢？

答：增值税。

3. 商场销售的进口化妆品，除了增值税，还要缴纳什么税呢？

答：还需要缴纳关税和消费税。

场景二：

越越一家因为生活需要，准备购买新汽车，在大家共同商议之后，准备购买一辆价值 20 万元的国产燃油车。

请同学们思考，购买这辆汽车需要缴纳什么税呢？

答：车辆购置税、车船税、增值税。

美好生活 税收护航

税收引导行为方式的作用

大家都知道，政府在国家治理和发展中起着至关重要的作用，而税收就是政府进行国家治理的一个重要手段。税收不仅可以组织财政收入，它还能够引导人们的行为方式，对我们的生活产生潜移默化的影响。

以消费税为例。消费税是对特定的消费品和消费行为征收的一种税。当我们购买一些特定的商品（如烟、酒）时，就需要缴纳消费税。这背后有着深刻的意义。征收消费税会使这些商品的价格上升，从而促使人们在购买时更加慎重地考虑。如吸烟和饮酒对我们的身体健康有着诸多危害，而消费税的存在就像是一个提醒，让我们更加关注自己的健康，选择更加健康的生活方式。

再以环境保护税为例。随着环境问题日益严峻，环境保护税应运而生。环境保护税主要是针对企业的污染行为征收的一种税。企业在生产经营过程中，如果排放污染物超过一定标准，就需要缴纳环境保护税。这一举措有着重大的意义。对于企业来说，缴纳环境保护税会增加生产成本，从而促使其提高社会责任感，积极采取措施控制污染行为。比如，企业可能会加大在环保技术研发和设备更新上的投入，改进生产工艺，减少污染物的排放。这样不仅有利于保护环境，也有助于企业实现可持续发展。对于全社会来说，环境保护税的实施也是一个重要的信号，那就是我们每个人都有责任保护环境。我们作为消费者，可以选择那些环保型企业生产的产品，支持企业的环保行动。同时，我们在日常生活中也可以从自身做起，节约资源、减少浪费，为保护环境贡献自己的一份力量。

税收调节收入分配的作用

大家都知道，在我们的社会中，不同人群的收入水平存在着一定的差距。而税收作为一种重要的经济手段，可以在收入再分配的过程中发挥关键作用，有助于缩小收入差距，维护社会的稳定。

税收是如何调节收入的呢？

在我们的税收体系中，个人所得税是一个非常重要的税种。个人所得税实行累进税率，也就是说，收入越高的人，所适用的税率也越高。这样一来，收入水平达到个人所得税征税要求的人群的一部分收入就通过税收的形式被国家征收，然后国家通过各种方式再分配给低收入人群。比如，国家可以用这些税收收入来建设公共设施、提供社会保障等，让全体公民都能享受到基本的公共服务。此外，对于一些高收入的特殊行业或者人群，国家还可能会出台一些针对性的税收政策，进一步加强对高收入的调节。

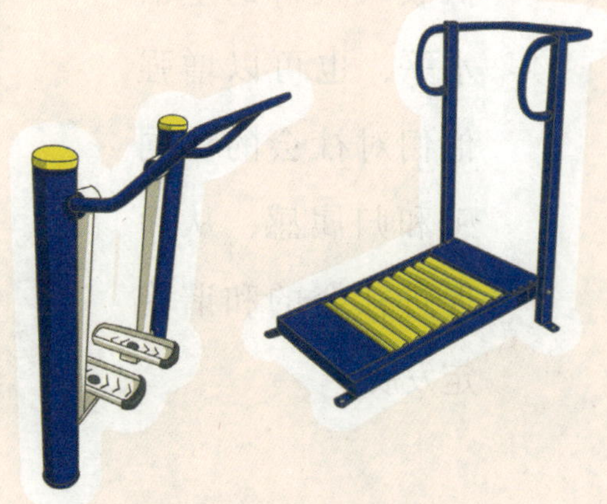

税收是如何通过调节消费来影响收入分配的呢？

还是以消费税为例。消费税主要针对一些特定的消费品征收，比如高档化妆品、贵重首饰等。这些商品的主要消费者通常是高收入人群，而对这些商品征收消费税，一方面可以增加国家的财政收入，另一方面也可以在一定程度上调节高收入人群的消费行为。同时，对于一些生活必需品，国家不会征收消费税，还会实行较低的增值税税率，这样可以减轻低收入人群的生活负担。

税收调节收入分配的重要意义在于维护社会的稳定。如果收入差距过大，可能会引发一系列社会问题，如社会矛盾激化、犯罪率上升等。而通过税收的调节作用，可以让社会的财富分配更加公平合理，让低收入人群也能享受到经济发展带来的成果。这样不仅可以提高低收入人群的生活水平，也可以增强他们对社会的认同感和归属感，从而促进社会的和谐稳定发展。

知识宝卡

税收在国家治理中发挥着基础性、支柱性、保障性作用，在组织财政收入、引导人们的行为方式、缩小收入差距、维护社会稳定方面发挥着不可替代的作用。希望同学们在今后的生活中积极关注税收政策，为建设更加公平、和谐的社会贡献自己的一份力量。

税法小故事

美好生活税收护航

一个晴朗的周末，越越和同学们在老师的带领下前往矿山博物馆参观。越越对这次探险充满了期待，在他的想

象中，矿山是充满神秘和宝藏的地方。

一进博物馆，越越就被巨大的矿石标本和采矿场景吸引住了。在一个展示资源开发与环境保护关系的展区，讲解员指着一块展板说：“同学们，你们知道我们开采矿产资源时，需要缴纳什么税吗？”小朋友们都一脸茫然。“是资源税。”讲解员阿姨解释道，“每当我们从地下开采出矿产，比如煤炭、铁矿石等，就需要向国家缴纳一定比例的税款。”

“矿产不是天然形成的吗？为什么要缴税呢？”越越问道。

“小同学，看来你懂得还真不少呢。”讲解员阿姨笑着解释道：“因为各种矿产资源都属于国家所有，所以开采矿石必须经过国家批准。为了防止资源被滥采滥用，有效保护合理利用自然资源，设立了资源税这个税种，也充分体现了国有资源有偿使用的理念。这些税款会被用来保护环境，更好地建设我们的国家，如治理矿山污染、种树修路、建设公园学校等。这样，国家就有更多的钱来让我们的生活环境变得更加美好。”

越越恍然大悟，原来税收还能帮助保护环境啊！

哪些资源需要缴纳资源税

在中华人民共和国领域和管辖的其他海域开发应税资源的单位和个人，为资源税的纳税人，应当依法缴纳资源税。资源税的设立有着重要的意义。一方面，资源税可以促进资源的合理开发和利用，避免资源的浪费和过度开采；另一方面，通过征收资源税，可以为国家筹集财政收入，用于资源保护、环境治理等方面的支出，实现经济的可持续发展。

今天我们一起来认识一下，需要缴纳资源税的主要应税资源有哪些。

1. 原油

原油是指开采的天然原油，不包括人造石油。我国是一个石油

消费大国，对原油征收资源税可以促使石油企业更加合理地开发和利用石油资源，提高石油的开采效率，同时也可以为国家的能源安全提供一定的保障。

2. 天然气

天然气是指专门开采或者与原油同时开采的天然气。天然气作为一种清洁、高效的能源，在我国的能源结构中占有越来越重要的地位。对天然气征收资源税，国家可以更好地调控天然气资源的开发节奏，避免过度开采和资源枯竭。

3. 煤炭

煤炭是我国的主要能源之一，对煤炭征收资源税可以促使煤炭企业加强资源管理，提高煤炭的回采率，减少资源浪费。同时，也可以推动煤炭企业进行技术创新，发展清洁煤技术，减少煤炭燃烧对环境的污染。

4. 盐

盐是人们生活中必不可少的调味品，也是化工、轻工等行业的重要原材料。对盐征收资源税可以促进盐资源的合理开发和利用，提高盐的生产质量和安全水平。

除了上面提到的四种资源，资源税的应税资源还包括其他能源矿产（如油页岩、天然沥青等）、金属矿产（如金、银、铜、铁等）、非金属矿产（如石墨、水晶等）和水气矿产（如矿泉水等）、地表水或地下水等。

综合实践

我是小小调查员

同学们，在这节课里，我们认识到税收有好多作用。不过，除了课本上讲的那些内容，税收还会给我们的生活带来哪些益处呢？让我们一起制定调查计划，去一探究竟。

我们可以这样来制定调查计划。

第一步：确定调查对象。确定想要收集的信息及收集的原因，以此确定调查对象，调查对象可以为亲人、社区居民、商店老板、警察叔叔、医生阿姨等。

第二步：设计调查问卷。整理需要了解的问题，例如，“你觉得税收对我们的生活有什么影响？”“税收让你感受到的最大好处是什么？”“你有没有看到身边因为税收而发生的变化？”等，并将问题整理到调查问卷上。

第三步：分组开展调查。同学们可以分成几个小组，每个小组负责不同的调查对象。调查时，要认真记录下调查对象的回答，注意交流时要使用礼貌用语。

第四步：总结调查结果。调查结束后将各组调查结果进行汇总，一起分享讨论，看看能发现多少税收在生活中的益处。

同学们，一起行动起来，去探索税收给我们生活带来的更多惊喜吧！

我的调查计划

调查准备

准备采取的调查方式

1. 去税务机关实地调查

2.

3.

可能遇到的困难和解决办法

1.

2.

3.

谁来征税？走进税务机关

认识税务机关

在国家治理体系中，税收是国家重要的财政收入来源之一，对于维护国家运行、保障社会公共服务具有至关重要的作用。而这一切的背后，有一个关键的机构——税务机关。

我国负责税收征收管理的执法机关有税务

机关和海关部门。在我国，税务机关包括国家税务总局和它设立在全国各地的各级税务局、税务分局、税务所。

今天，让我们一起走进税务机关，探索它的职能吧！

1. 税费征管

税务机关依法征收各类税费，如个人所得税、企业所得税、增值税、消费税、车船税等以及社会保险费、有关非税收入等，同时，税务机关也会为纳税人办理税务信息确认、纳税申报等业务。

2. 税费服务

税务机关也会为纳税人提供多种税费服务，比如提供税费政策咨询、纳税申报指导等，帮助纳税人更好地了解税费政策，正确履行纳税义务。

小提示

以前，大家办理税收业务都要跑去税务局，排队很麻烦，还要花很多时间。现在，税务机关把很多服务都搬到了网上，不管你在哪里，只要有网络，点一点鼠标或者手机，就能像在税务局一样办理业务，超级方便。

3. 税务检查

就像班级需要大扫除一样，国家也需要检查企业和个人是否按时足额缴纳税款，这就是税务检查。在大扫除中，老师会检查每个同学是否认真打扫了自己的区域；在税务检查中，税务人员会通过检查企业的账本和凭证，看看他们有没有偷税漏税。

4. 税收宣传

税务机关还是税收宣传、普及税法知识的重要力量。税务机关通过向纳税人、缴费人以及全社会宣传税费政策和税法知识等，提

小提示

走进学校的税法课也是税务机关进行税收宣传工作的一部分。在课堂上，税务机关的叔叔阿姨们教给我们的税法知识，拓宽了我们的知识面，也在我们心中种下了诚信纳税的种子。我们要接过税收宣传的接力棒，把税法知识带出课堂，讲述给更多人听，让大家都了解税收的重要性，更好地履行纳税义务，让我们的国家变得越来越美好和强大。

高公民的纳税意识，营造依法纳税、诚信纳税的社会氛围，促进税收征管工作顺利进行。

除了税务机关，海关也是征税机关之一，主要负责对从国外进入我国境内或者从我国出口到国外去的物品收税，比如关税，船舶吨税，代征的进口环节增值税、消费税等。

知识宝卡

缴税的方式

缴税有两种方式，一种叫代扣代缴，一种叫自行申报。

代扣代缴就是由付钱的人代替纳税人把要缴纳的税交给税务机关。比如，爸爸妈妈在领工资的时候，老板已经把爸爸妈妈应该缴纳的个人所得税交给税务机关，所以爸爸妈妈拿到的工资，就是已经扣了税的净收入啦。

自行申报就是纳税人自己算出要缴多少税，然后在规定的时间里向税务机关缴税。在自行申报方式下，纳税人可以自己到办税服务厅去缴税，也可以在电子税务局或者手机 App 上缴税，还可以把缴税的资料邮寄给税务机关，这样也能缴税哦。

税法小故事

走进“神秘”的征税机关

暑假到了，越越和好朋友小亮每天一起写作业，一起打篮球，形影不离。这天，两人打完球到小亮爸爸新开业不久的餐厅喝水，正遇上爸爸急匆匆往外走，小亮问爸爸去哪儿，爸爸说：“今天是缴税的最后一天了，我要赶紧去税务局缴税。”越越一听马上说：“叔叔，带我们俩一起去吧！我们也想看看税务局是什么样，也想知道您是怎么缴税的。”

“好啊，那赶紧走！”

来到办税服务厅，看到柜台里身穿税务制服的阿姨一边微笑着和前来办事的人询问着什么，一边熟练地操作着

电脑，越越和小亮羡慕极了。

“那么多窗口，去哪儿办呢？”越越和小亮眼花缭乱，小亮的爸爸也不知如何是好。

这时，一位阿姨走了过来，“请问，需要帮忙吗？”

“阿姨，我们来缴税！”越越赶忙说。

“那你们要缴什么税呀？”阿姨笑着问。

小亮不好意思地说：“不是我们，是我爸爸要缴税。”

“哦，这样啊，您是第一次缴税吧，请跟我来。”阿姨把他们带到大厅的咨询台，“您方便把资料拿给我看看吗？”

阿姨一边看着小亮爸爸递上来的资料，一边说：“今天是纳税申报的最后一天，再不来可能就要受罚了哦。”

“阿姨，什么是纳税申报啊？”越越不解地问。

“小朋友，纳税申报就是纳税人在发生纳税义务以后，按照税法规定的期限和内容向税务机关报送有关资料。这样我们就能知道谁该缴什么税，该缴多少税了。”

“什么是发生纳税义务？不申报就要处罚吗？”小亮问。

阿姨笑了笑，道：“发生纳税义务就是取得了应该缴税的收入或发生了应该缴税的行为。如果不按照规定的期限申报，是要负法律责任的，包括接受处罚。”

“那该怎么进行纳税申报呢？”小亮的爸爸焦急地问。

“别急。首先，纳税申报是有时间要求的，不同的税种申报期限是不同的。我这里有一个具体的分税种的纳税申报时间表，您可以在电子税务局的网站上找到这张表。如果您觉得来这里申报不方便，也可以网上申报或者邮寄

申报。”

“选择还真不少。那以后我就网上申报了，门都不用出了。”小亮的爸爸高兴地说。

“如果遇到问题，您还可以拨打 12366，这是我们专门的纳税缴费服务热线。您按照提示操作，就会有人来帮您解答各种税收问题了。”阿姨又耐心地补充道。

“那好，我这就去网上申报，不麻烦您了。”

“等一下——”阿姨赶紧拦住小亮的爸爸，“瞧您急的，为您服务是我们的工作，您不用客气。再说，最重要的，我还没和您说呢。”

“哦，您说您说。”

“您是来缴税的，但申报了不等于缴了税。您今天带着资料来了，待会可以到窗口扫码或刷卡缴税。不过，现在大部分的人都会采取网上申报，然后通过网上银行直接划款缴税。最后，还要提醒您，千万要在申报期内把税缴了，不然，超过了规定的期限要按日加收滞纳金。好了，我说完了，您还有什么问题吗？”阿姨叮嘱道。

“叔叔，您和阿姨接着聊，我们再去别处看看。”越越拉着小亮向旁边的智慧办税区跑去。

延伸阅读

智能办税方式

税务机关利用了很多很厉害的高科技技术，比如人工智能、大数据等等，做了一些很酷的办税设备。这些设备就像我们在电影里看到的那些高科技的东西一样，可以让大家缴税的时候更方便、更快捷。

你知道都有哪些很厉害的智能办税方式吗？

智慧办税舱：这是一个很神奇的小房间，里面有一个大屏幕，用手点点屏幕，就可以像玩游戏一样完成很多缴税的事情，比如输入信息、和工作人员视频咨询，还能把一些税务表格放进去回收，非常方便。

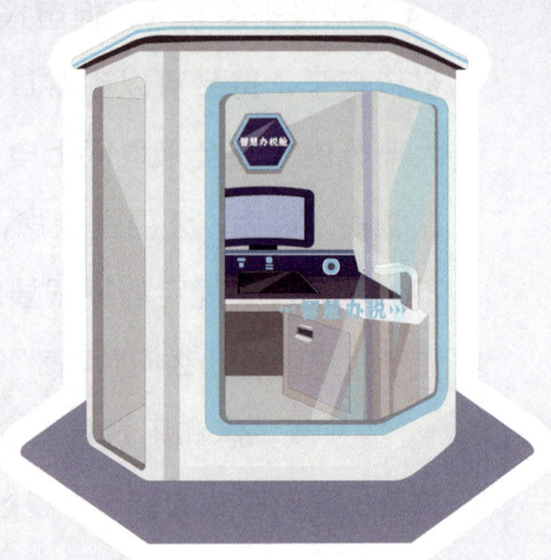

智慧导税员：这是一个很聪明的机器人，它会站在办税大厅里。当你进去的时候，它会用摄像头看看你，然后记住你是谁。它会根据你的需要，带你去正确的柜台办理业务，就像一个很厉害的向导一样。

税务数字人：这是一个虚拟的机器人，它可以在电脑或者其他屏幕上出现。它就像一个服务员一样，给你一个政策“菜单”，你可以很方便地找到自己需要的政策，还能知道怎么用这些政策。这样大家就能更清楚地知道怎么缴税，还能享受哪些优惠。

综合实践

手抄报博览会

通过本节课的学习，同学们一定对税务机关有了更深入的了解，也对税收有了全新的理解，请大家以“走进税务世界”为主题，通过制作手抄报的形式，将心中的税收和税务机关呈现出来并向大家展示吧。

我是光荣的税法宣传使者

依法纳税是每个公民应尽的义务，作为诚实守信的守法公民，我们应该依法缴纳税款，偷逃税款的行为不仅不道德，而且也会受到法律的制裁。同学们，诚信纳税光荣，逃避纳税可耻，争做小小税法宣传员，呼吁更多人加入到诚信纳税的队伍中吧！

纳税光荣，逃税可耻

依法纳税是写入宪法的公民义务，只有我们每个人都依法诚信纳税，我们的国家才能够更好地发展。国家为我们提供的公共产品和服务提高了我们的获得感、幸福感，而这些公共产品和服务是由税收保障的，我们享受了它

们的便利，就要依法缴纳税款，这是我们对国家应尽的义务和责任。只有每个人都按照税法诚信纳税，国家才会更加富强，我们的生活才会更加美好。

在当今社会，绝大部分人都是依法诚信纳税的好公民，但是仍有一些人想方设法地逃避纳税义务。这些人享受着国家公共产品和服务带来的便利，却为了一己私欲不履行纳税义务，这种行为对其他诚信纳税的纳税人是不公平的。

依法纳税是法定的责任，逃避纳税不仅会丧失信誉，产生负面的社会影响，而且还会受到法律的制裁。我国的《税收征收管理法》规定，对逃避纳税的单位或个人，除追回全部应纳税款之外，还会加征滞纳金，并处以最高相当于5倍税款的罚款；情节严重的，还可能会受到刑事制裁。由此可见，偷逃税款是非常得不偿失的、不明智的行为。

同学们作为光荣的小小纳税人，不仅自己要遵纪守法，依法纳税，还要做好小小税收监督员，督促身边的亲人和朋友依法按时纳税。当我们发现身边偷逃税款的行为时，要积极向税务机关反映，向违法行为说“不”！

加入税法宣传队伍，传播诚信纳税理念

作为国家的小主人，我们学习了这么多税法知识，不仅自己要以身作则，践行所学知识，更要做好小小税法宣传员。同学们可以

参与各种税收宣传活动，让更多人明白依法纳税的必要性，呼吁大家做守法公民，营造积极守法的良好氛围。

那么如何才能加入到税法宣传的行列中呢？最简单的一个方式就是参与当地的税收宣传月活动。自 1992 年起，每年的 4 月被定为全国税收宣传月，国家税务总局制定宣传月主题，各地税务局结合实际开展丰富多彩的宣传活动，如张贴海报、发放宣传品、分享政策解读视频，以及开展“税法第一课”活动、举办税法知识竞赛等。这些活动可以增进公众对税收的认识与理解，有助于培养大家的纳税意识。同学们可以加入到税收宣传月的活动中，为税法宣传注入新鲜血液。

除了参加税收宣传月的活动，同学们也可以在日常生活中主动宣传税法知识。比如，可以建议老师举办税法知识主题班会，和同学们交流税法知识；可以主动与居委会沟通，开展税法宣传进社区活动；也可以发挥主观能动性，尝试其他宣传方式，做好小小税法宣传员。

税法小故事

黯然失色的明星

越越有个非常崇拜的偶像叫郑冰，是当下最红的一线歌手，唱跳俱佳，拥有非常多的粉丝，每次开演唱会都一票难求。

越越一直想去看郑冰的演唱会，姑姑为了实现越越的愿望，好不容易抢到了演唱会的门票。这些天，越越兴奋极了，天天盼望着开演唱会的日子能快点到来。

这天，越越和往常一样，正在家里和爸爸妈妈一起吃饭。

“即将在本周日举行的著名歌手郑冰的个人演唱会于今天上午 9 点被宣布取消。据悉该歌手涉嫌偷逃税款 200 万元，税务部门已依照相关法律法规，对其追缴税款，加收滞纳金并处罚款……”电视里传来主持人浑厚的声音。

“什么?！郑冰?！”越越激灵一下，不敢相信自己的耳朵，放下碗冲到电视机前一看究竟，恨不得把身子都扎进电视里去。

“偷逃税款！真是人心不足蛇吞象啊，挣那么多钱，却舍不得缴税，这下把自己的前途都搭进去了，真是得不偿失啊！”爸爸看着新闻，惋惜地说道。

“怎么会呢？那么大的明星怎么不知道缴税呢？”越越难过得饭也不吃了，气愤地关上了自己的房门。

“这孩子，人家不唱歌了，你饭也不吃了？”妈妈一边敲门，一边焦急地说。

“铃……”电话响了。

“越越，姑姑找你！”妈妈停止埋怨，喊越越接电话。

“姑姑，演唱会泡汤了。您知道是怎么回事吗？”越越一把抓过电话，带着哭腔上来就问姑姑。

“我就是为这事找你，越越你先别急。”姑姑一边安慰越越，一边继续说：“我也是刚看到新闻，看来他是涉嫌偷税了，而且数额巨大。”

“什么叫偷税啊？很严重吗？”越越沮丧地问。

“偷税就是利用各种手段故意不缴或者少缴税。比如：隐瞒、伪造账簿，进行虚假申报等等，千方百计达到不缴、少缴税的目的。这是非常可耻的行为，已经触犯了国家的法律。”

“那会怎么处理他呢？”

“除了把税款缴了，按日加收滞纳金，还得接受处罚。如果数额巨大，还要追究刑事责任。”

“那他不就完了吗！”越越为自己的偶像遗憾。

“是的，国家的税收是具有强制性的。每个人都必须遵守税法的规定。偷税是法律明令禁止的，绝对不能做，明星也不能例外。崇拜一个人可不能只看表面，还要看他为国家、为社会做出的贡献。”

“姑姑，我明白了。只有遵纪守法、为国家做出贡献的人，才是真正的偶像，值得我们尊重，对吗？”

“是的越越。”姑姑欣慰地笑了，“为了弥补没看成演唱会的遗憾，我决定星期天带你去税务博物馆，让你真正了解一下咱们国家的税收。顺便……”

“顺便到航空博物馆看大飞机！”越越打断姑姑的话，兴奋地喊道。

“行，就这么办！”姑姑爽快地答应。

“我可以去博物馆喽！可以看大飞机喽！”越越扔下电话，继续美美地吃饭去啦。

延伸阅读

莫让名利遮望眼　网络主播应依法纳税坚守底线

当下，直播行业蓬勃发展，网络主播成为备受关注的焦点。他们活跃于直播带货、娱乐互动等多个领域，吸引了大量粉丝，具有广泛的社会影响力。然而，网络主播“翻车”事件频繁发生，这不仅让粉丝感到失望，也使公众忧心忡忡。

近年来，税务部门连续公布了多起网络主播偷逃税案件。这些网络主播在巨大利益的诱惑以及侥幸心理的驱使下，冒险采用各种违法手段逃避纳税义务，甚至在税务部门持续曝光，并且释放出依法治税、从严治税的强烈信号后，依然心存侥幸、明知故犯。

作为公众形象，网络主播的行为直接关系到法律尊严、社会公平、公众价值观以及行业的健康发展。其偷逃税问题，不仅损害了自身形象，还对职业生涯产生了负面影响。网络主播需要带头履行好社会责任，尤其是镜头聚焦、粉丝关注、流量加持的头部网络主播，更应以身作则，倡导遵守法规纪律，引领良好的社会风尚。

（摘自 2024 年 12 月 18 日《中国经营报》，记者：杜丽娟）

综合实践

登场！税法宣传的明日之星！

岁月不居，时节如流。我们的税法课堂结业在即，通过这六节课的学习，我们对税收有了全面的了解，同学们也由税法初学者摇身一变，成了小小税法宣传员。最后，让我们举办一次汇报演出，为我们的税法课堂画上一个圆满的句号吧！

下面是情景剧《筑梦·圆梦》的剧本，同学们可以选择喜欢的角色进行演绎，也可以自己创排其他节目，期待大家的精彩演出！

《筑梦·圆梦》

画外音（童声齐诵）：你拍一，我拍一，学税法，记心里。你拍二，我拍二……

老师：同学们好！

4 名学生：老师好！

老师：同学们，我们的税法课堂已经陪伴大家度过了一整个学期，现在，有没有哪位同学可以给大家讲讲你心中的税收是怎样的呢？

学生 a：税收是国家的命脉，是社会安定的保障。在少年税校的课堂上，我们一起跟着发票去“旅行”，还进行了“一日‘小税官’”的神奇体验，这些都是书本之外的知识。

学生 b：税收是一粒粒种子，让幸福的花儿在土地里生根发芽；税收是一块块基石，让勤劳的人们建造出了美好的家园。

学生 c：税收是蓝色的，映照着公平、诚信与担当；税收是绿色的，激发市场活力，守护绿水青山，编织和谐的乐章；税收是金色的，像暖阳下散发关怀的热烫，为幸福生活护航。

学生 d：税收来自千千万万个小小的我们，就像星星点点的亮，汇聚成了照耀祖国腾飞的巨大光芒。

老师：大家刚才讲的都特别好！我看见税收的种子，在你们心间悄悄萌芽。

在带着你们筑梦的路上，我也收获了不一样的远方。我们一路与税同行，扛起了肩上的责任与担当，谱写出了新时代少年学税、知税、懂税、护税的美好篇章。

接下来这节课，老师要带大家去税务时空博物馆看一看。

4 名学生（好奇地）：时空博物馆?

老师：对呀，在那里可以看到未来的自己哦！

4 名学生（惊喜地、期待地）：未来的自己……太好了！（高兴地拍手）

老师：一起走吧。

学生 a：哇，我长大啦，成了一名税务干部。

成人 A（朗诵）：

年少时，仰望你，倾听你

青年时，触摸你，讲述你

我愿接过你的接力棒

共同描绘最美的画

画中的税务为国也为家

画中的税务为你也为他

学生 b：我长大后成了企业家。

成人 B（朗诵）：

当晨曦点亮城市的天际线

我们脚下的柏油路正延伸向远方
那是税收浇筑的文明之路
让每一份创新的星火都能燎原
我愿做守法、诚信的纳税人
用每一次申报去播种
用诚信浇灌
让民生的花朵绽放在祖国的每个角落

学生 c：长大后的我真漂亮呀。

成人 C（朗诵）：

当我站在三尺讲台前
触摸着多媒体屏幕的温度
这方寸之间的智慧海洋
是税收编织的知识经纬
实验室里闪烁的仪器
孩子们书本上的墨香
都浸润着税收凝结的晨露
我愿做守法、诚信的纳税人
在稚嫩的心田种下希望
用知识浇灌
让诚实守信伴书声朗朗传遍校园

学生 d：我终于成为警察了。

成人 D（朗诵）：

巡逻在城市的霓虹里
我听见警徽与税徽的共鸣

街巷中照亮归途的路灯

是税收写下的平安诗行

我愿做税法的忠诚捍卫者

扬起正义的帆

挥动忠诚的桨

让为党为民的旗帜在新时代飞扬

老师：孩子们，你们都太棒了（鼓掌），让我们一起向大家发出倡议，做税法宣传的参与者，做诚信纳税的践行者！

学生 a、成人 A（朗诵）：

让我们一起

守着这信与诚的箴言

挺起兴税强国的脊梁

学生 b、成人 B（朗诵）：

让我们一起

诚信纳税

共绘美好未来

学生 c、成人 C（朗诵）：

让我们一起

带着为国育才的使命

传诵诚实守信、春风化雨的诗章

学生 d、成人 D（朗诵）：

让我们一起

秉承公平正义的法治信仰

守万家灯火，护山河无恙

全体（齐诵）：

红日初升，其道大光

前途似海，来日方长

遵守税法，诚信纳税

学生 a、成人 A（迈步向前）：有我。

学生 b、成人 B（迈步向前）：有我。

学生 c、成人 C（迈步向前）：有我。

学生 d、成人 D（迈步向前）：有我。

全体（齐诵）：

有我在场！

后 记

税收是国家的经济命脉，青少年是祖国的未来和民族的希望。在青少年人生观、价值观形成的关键时期，普及税法知识、培养诚信纳税意识，既是提升社会税法遵从度的必然要求，又是在法治轨道上深化改革、推进中国式现代化的重要保障。国家税务总局长期以来高度重视青少年税收法治宣传教育，坚持“法治教育从娃娃抓起”，通过多种形式开展税收普法工作，在青少年心田播撒下诚信纳税的种子。

为了向青少年呈现一本通俗易懂、贴近生活的税收普法读物，中国税务出版社和国家税务总局北京市税务局联合组织策划编写了《我的税收第一课》一书，旨在帮助青少年广泛了解税收知识，增强青少年税法意识，通过“教育一个孩子，带动一个家庭，影响整个社会”的辐射作用营造依法诚信纳税的社会氛围。

北京市密云区税务部门自2005年起就与相关部门和学校联合创办了北京市首家少年税校。20年来，在青少年税收普法教育实践中积淀了丰富经验。密云区税务局承担本书的具体编写工作，将多年税收普法教育实践收获与“税润童心、法育未来”的美好愿景融于字里行间。本书在编写过程中得到国家税务总局北京市税务局的大力支持和悉心指导，中国税务出版社为本书的编辑出版付出辛苦努力。

在此，谨对所有为本书编写出版提供帮助和支持的单位和同志们表示衷心感谢！

受时间和水平所限，书中疏漏之处在所难免，敬请读者批评指正。

编　者

2025年3月